上海市工程建设规范

海塘维修养护技术标准

Standards for sea dike maintenance

DG/TJ 08—2427—2023
J 16999—2023

主编单位：上海市水利工程设计研究院有限公司
　　　　　上海市堤防泵闸建设运行中心
批准部门：上海市住房和城乡建设管理委员会
施行日期：2023年12月1日

同济大学出版社

2023　上海

图书在版编目(CIP)数据

海塘维修养护技术标准 / 上海市水利工程设计研究院有限公司, 上海市堤防泵闸建设运行中心主编. —上海：同济大学出版社, 2023.10
ISBN 978-7-5765-0920-5

Ⅰ. ①海… Ⅱ. ①上… ②上… Ⅲ. ①海塘－海岸工程－保养－技术标准－上海 Ⅳ. ①U656.31-65

中国国家版本馆 CIP 数据核字(2023)第 188043 号

海塘维修养护技术标准

上海市水利工程设计研究院有限公司
上海市堤防泵闸建设运行中心   主编

责任编辑　朱　勇
责任校对　徐春莲
封面设计　陈益平

出版发行	同济大学出版社　www.tongjipress.com.cn
	(地址：上海市四平路 1239 号　邮编：200092　电话：021-65985622)
经　　销	全国各地新华书店
印　　刷	浦江求真印务有限公司
开　　本	889 mm×1194 mm　1/32
印　　张	2.125
字　　数	57 000
版　　次	2023 年 10 月第 1 版
印　　次	2023 年 10 月第 1 次印刷
书　　号	ISBN 978-7-5765-0920-5
定　　价	25.00 元

本书若有印装质量问题，请向本社发行部调换　　版权所有　侵权必究

上海市住房和城乡建设管理委员会文件

沪建标定〔2023〕265号

上海市住房和城乡建设管理委员会关于批准《海塘维修养护技术标准》为上海市工程建设规范的通知

各有关单位：

　　由上海市水利工程设计研究院有限公司、上海市堤防泵闸建设运行中心主编的《海塘维修养护技术标准》，经我委审核，现批准为上海市工程建设规范，统一编号为DG/TJ 08—2427—2023，自2023年12月1日起实施。

　　本标准由上海市住房和城乡建设管理委员会负责管理，上海市水利工程设计研究院有限公司负责解释。

上海市住房和城乡建设管理委员会

2023年5月30日

前　言

根据上海市住房和城乡建设管理委员会《关于印发〈2020年度上海市工程建设规范和标准设计编制计划〉的通知》（沪建标定〔2019〕752号）要求，上海市水务局（上海市海洋局）组织上海市水利工程设计研究院有限公司和上海市堤防泵闸建设运行中心，结合海塘管理要求，在上海市水务局标准化指导性技术文件《上海市海塘维修养护技术规程》SSH/Z 10010—2017多年应用的基础上，总结海塘工程科研成果和维修养护经验，广泛征询意见，经多次研讨和反复修改，编制形成本标准。

本标准的主要内容有：总则、术语、海塘巡查、海塘观测、海塘维修养护、附属设施维护、海塘绿化养护、生物危害防治、技术资料和档案管理。

各单位及相关人员在执行本标准过程中，如有意见和建议，请反馈至上海市水务局（地址：上海市江苏路389号；邮编：200050；E-mail:kjfzc@swj.shanghai.gov.cn），上海市水利工程设计研究院有限公司（地址：上海市龙吴路888号；邮编：200232；E-mail:zhangzj@swedri.com），上海市建筑建材业市场管理总站（地址：上海市小木桥路683号；邮编：200032；E-mail:shgcbz@163.com），以供今后修订时参考。

主　编　单　位：上海市水利工程设计研究院有限公司
　　　　　　　　上海市堤防泵闸建设运行中心
主要起草人：季永兴　兰士刚　舒叶华　华　明　张志杰
　　　　　　程徽丰　才　多　邹　丹　崔　冬　欧阳礼捷
　　　　　　张丽芬　张　羽　张舒静　杨　潇　孟凡轩
　　　　　　戴雅奇　高晨晨　王月华　印　越　刘海青

　　　　　　　应文斌　朱　媪　谢先坤　濮　勋　施震余
　　　　　　　倪　庆　李　欢　刘旭娜　张　恒　张　燕
　　　　　　　贺　英　蔡勇圣
主要审查人：林顺才　阮龙飞　何晓峰　张琳琳　陈海英
　　　　　　　周美棠　高加云

　　　　　　　　　上海市建筑建材业市场管理总站

目 次

1 总 则 ………………………………………………… 1
2 术 语 ………………………………………………… 2
3 海塘巡查 ……………………………………………… 4
　3.1 一般规定 ………………………………………… 4
　3.2 巡查要求 ………………………………………… 4
　3.3 巡查内容 ………………………………………… 5
　3.4 巡查报告 ………………………………………… 8
4 海塘观测 ……………………………………………… 9
　4.1 一般规定 ………………………………………… 9
　4.2 观测要求 ………………………………………… 9
　4.3 观测资料整编 …………………………………… 10
5 海塘维修养护 ………………………………………… 11
　5.1 一般规定 ………………………………………… 11
　5.2 堤 身 …………………………………………… 12
　5.3 外 坡 …………………………………………… 12
　5.4 防浪墙 …………………………………………… 14
　5.5 堤顶路面 ………………………………………… 15
　5.6 内坡和青坎 ……………………………………… 15
　5.7 保滩工程 ………………………………………… 16
　5.8 防汛闸门 ………………………………………… 16
　5.9 穿堤管涵 ………………………………………… 17
6 附属设施维护 ………………………………………… 19
　6.1 一般规定 ………………………………………… 19
　6.2 里程桩、警示桩及标志牌 ……………………… 19

— 1 —

6.3	限行减速设施 ……………………………………	19
6.4	栏杆及围栏 ………………………………………	20
6.5	观测和监控设施 ……………………………………	20
6.6	海塘网格化管理系统 ………………………………	20
7 海塘绿化养护 ………………………………………………		21
7.1	一般规定 …………………………………………	21
7.2	草皮养护 …………………………………………	21
7.3	树木养护 …………………………………………	22
8 生物危害防治 ………………………………………………		23
8.1	一般规定 …………………………………………	23
8.2	白蚁防治 …………………………………………	23
8.3	其他害堤动物的防治 ………………………………	24
9 技术资料和档案管理 …………………………………………		25

附录 A 海塘巡查记录表 ……………………………… 26
附录 B 海塘观测记录表 ……………………………… 31
附录 C 海塘养护记录表 ……………………………… 36
附录 D 海塘维修记录表 ……………………………… 38
本标准用词说明 ……………………………………… 43
引用标准名录 ………………………………………… 44
条文说明 ……………………………………………… 45

Contents

1 General provisions ·· 1
2 Terms ·· 2
3 Inspection of sea dike ·· 4
   3.1 General requirements ·· 4
   3.2 Inspection requirements ····································· 4
   3.3 Inspection contents ·· 5
   3.4 Inspection reports ··· 8
4 Observation of sea dike ·· 9
   4.1 General requirements ·· 9
   4.2 Observation requirements ·································· 9
   4.3 Observation data compilation ···························· 10
5 Maintenance of sea dike ·· 11
   5.1 General requirements ······································ 11
   5.2 Dike body ·· 12
   5.3 Outer slope ·· 12
   5.4 Parapet wall ··· 14
   5.5 Crest ·· 15
   5.6 Inner slope and berm ······································ 15
   5.7 Coastal protection project ································· 16
   5.8 Floodgates ·· 16
   5.9 Pipes and culverts crossing through the dike ······ 17
6 Maintenance of ancillary facilities ··························· 19
   6.1 General requirements ······································ 19
   6.2 Mileage piles, warning piles and signs ··············· 19

  6.3 Traffic control and speed facilities ·················· 19
  6.4 Railings and fences ································ 20
  6.5 Observation and monitoring facilities ················ 20
  6.6 Sea dike grid management system ·················· 20
7 Maintenance of landscape ································ 21
  7.1 General requirements ······························ 21
  7.2 Lawn care ·· 21
  7.3 Trees care ······································· 22
8 Biohazard control ······································ 23
  8.1 General requirements ······························ 23
  8.2 Termite control ··································· 23
  8.3 Other dike-damaging animals control ················ 24
9 Technical data and files management ······················ 25
Appendix A Sea dike inspection records form ················ 26
Appendix B Sea dike observation records form ··············· 31
Appendix C Sea dike maintenance records form ·············· 36
Appendix D Sea dike repain records form ····················· 38
Explanation of wording in this standard ························ 43
List of quoted standards ···································· 44
Explanation of provisions ··································· 45

1 总　则

1.0.1 为规范本市海塘维修养护工作,保障海塘安全运行,制定本标准。

1.0.2 本标准适用于主海塘、一线海塘及备塘的日常维修养护,其他维修养护在技术条件相同时也可执行。

1.0.3 海塘维修养护对象为海塘堤身、外坡、防浪墙、堤顶路面、内坡和青坎、保滩工程、防汛闸门、穿堤管涵及附属设施、海塘绿化和生物危害等。

1.0.4 海塘维修养护应遵循"全面巡查、经常养护、及时维修、养重于修、修重于抢"的原则。

1.0.5 海塘维修养护除应符合本标准外,尚应符合国家、行业和本市现行有关标准的规定。

2 术　语

2.0.1 海塘　sea dike

指长江口和杭州湾沿岸以及岛屿四周修筑的堤防及其保滩工程。

2.0.2 海塘维修　sea dike repair

海塘维修是指不改变海塘设施主体结构，按照不低于原工程设计标准进行修复。

2.0.3 海塘养护　sea dike maintenance

海塘养护是指对海塘工程、堤防绿化及其附属设施所进行的预防性保养或者轻微损坏(伤)部分的修复。

2.0.4 主海塘　main sea dike

经水行政主管部门认定，对本市陆域和崇明三岛岛域起主要防御作用的堤防。

2.0.5 一线海塘　first-tier sea dike

纳入本市海塘统一管理的、位于第一线的海塘，在主海塘外侧水库、港区、灰库等小范围特殊用地的最前沿堤防工程或新圈围工程中的前沿堤防工程。

2.0.6 备塘　spare sea dike

有主海塘保护的内陆原主海塘。

2.0.7 日常巡查　routine inspection

对海塘进行日常性的检查。

2.0.8 定期检查　regular inspection

在汛前、汛后定期对海塘进行的检查。

2.0.9 特别检查　special inspection

海塘出现险情、工程非正常运行或者发生重大事故以及风暴潮发生前后进行的检查。

2.0.10 海塘观测 observation of sea dike

借助目视、专业仪器对海塘设施按照设计要求进行的观察、监测以及按照其他特殊需要进行的必要检测。

2.0.11 附属设施 ancillary facilities

附属设施主要包括海塘里程桩、警示桩、标志牌、限行减速设施、栏杆、防撞设施及信息化设施等。

2.0.12 生物危害 biohazard

危害海塘结构安全的白蚁等害堤动物在堤身及海塘青坎营巢作穴的行为，或影响生态环境的互花米草等有害植物在海塘范围内生长的现象。

3 海塘巡查

3.1 一般规定

3.1.1 海塘巡查应包括日常巡查、定期检查和特别检查。
3.1.2 海塘巡查范围应符合下列规定：
　　1 无随塘河的海塘巡查范围为堤身、堤外坡脚外侧 20 m 滩地和堤内坡脚外侧 20 m 护堤地。
　　2 有随塘河的海塘巡查范围为堤身、堤外坡脚外侧 20 m 滩地和堤内坡脚至青坎侧随塘河水面以上边坡。
　　3 海塘保滩工程巡查范围按照批准的设计文件确定。
3.1.3 海塘巡查工作应保持系统性和连续性。

3.2 巡查要求

3.2.1 日常巡查应符合下列要求：
　　1 一线海塘和主海塘的堤顶每日巡查不少于 1 次，主体结构（包括内青坎、内坡、外坡、滩涂等）以及保滩丁顺坝每周巡查不少于 1 次。
　　2 备塘每周巡查不少于 1 次。
　　3 海塘绿化、海塘附属设施等每月巡查不少于 2 次。
　　4 台风等灾害性天气期间日常巡查，根据预警级别和天气情况，做好相应等级的响应，加强台风等灾害性天气发生前后的护坡、护脚及防浪墙等重点部位巡查。
3.2.2 每年汛前、汛中、汛后应定期检查 1 次。
3.2.3 海塘遭受台风、暴雨、超设计标准高潮位、强烈地震或其他严重自然灾害、重大工程事故等非正常运行工况时,或海塘出现险情时,应及时进行特别检查。

3.2.4 海塘巡查宜结合视频监控及无人机航拍等手段进行。

3.3 巡查内容

3.3.1 海塘巡查内容包括检查海塘完好性、外观整洁度、管理范围内违章违法行为等,应至少包括下列内容:
 1 堤身。
 2 外坡(包括坡面、平台、大方脚及堤脚护底等结构)。
 3 防浪墙。
 4 堤顶路面。
 5 内坡、青坎和青坎侧随塘河岸坡。
 6 保滩工程[包括顺坝、丁(勾)坝、护坎、抛石护滩、排体护滩及生物护滩等]。
 7 防汛闸门及穿堤构筑物。
 8 附属设施(包括里程桩、警示桩、标志牌、信息化设施等)。
 9 海塘绿化。
 10 生物危害。
 11 有无其他危害海塘安全行为。

3.3.2 堤身巡查应至少包括下列内容:
 1 堤身下陷、空洞或渗漏通道等情况。
 2 堤身坡面、坡脚渗水等情况。
 3 削坡或者挖低堤顶等行为。

3.3.3 外坡巡查应至少包括下列内容:
 1 护面结构开裂、松动、沉陷及坡面反滤结构完整性等情况。
 2 格埂断裂等情况。
 3 伸缩缝填缝材料损坏等情况。

  4 消浪结构断裂、缺损、移位及钢筋外露等情况。
  5 大方脚外露、掏空及断裂等情况。
  6 护脚护底结构沉陷或缺失等情况。
  7 护坡消浪结构(栅栏板、螺母块体等)空隙堵塞等情况。
  8 外侧垃圾堆积等情况。

3.3.4 防浪墙巡查应至少包括下列内容：
  1 墙体下沉、倾斜、错位及滑动等情况。
  2 变形缝出现贯穿性透空及填充物老化等情况。
  3 墙体、压顶等部位混凝土缺损、剥落及钢筋外露等情况。
  4 浆砌石勾缝缺损、剥落等情况。
  5 墙面乱张贴、乱涂写等情况。

3.3.5 堤顶路面巡查应至少包括下列内容：
  1 路面结构沉陷、断裂、碎裂及破损等情况。
  2 侧石和平石缺损、断裂等情况。
  3 路肩开裂、坍塌等情况。
  4 彩道板(砖)沉陷、缺失等情况。
  5 道路排水通畅等情况。
  6 堤顶杂物、垃圾堆放等行为。
  7 路面车辆超载、违规占用等行为。

3.3.6 内坡和内青坎巡查应至少包括下列内容：
  1 土体侵蚀、坍塌及冲刷等情况。
  2 雨淋沟、洞穴等情况。
  3 护面结构及排水沟开裂、断裂等情况。
  4 排水沟杂物、垃圾阻塞等情况。
  5 青坎侧随塘河岸坡冲刷、坍塌等情况。
  6 内青坎杂物堆积及积水等情况。

3.3.7 保滩工程巡查应至少包括下列内容：
  1 顺坝、丁(勾)坝及护坎的结构完整性情况。
  2 坝体沉陷等情况。

  3 格埂断裂、掏空等情况。
  4 滩地冲蚀后退、坍塌等情况。
  5 外露的保滩护底软体排损坏、搭接错位等情况。
  6 护脚抛石缺失、凹陷等情况。
  7 桩倾斜、断裂、漏土等情况。

3.3.8 防汛闸门及穿堤构筑物巡查应至少包括下列内容：
  1 防汛闸门及穿堤管涵的启闭或运行情况。
  2 防汛闸门构件锈蚀、损坏情况。
  3 穿堤构筑物周围土体和路面沉陷、裂缝、空隙及渗水等情况。
  4 穿堤构筑物外海侧滩面冲刷、护坡结构塌陷、损坏等情况。

3.3.9 附属设施巡查应至少包括下列内容：
  1 里程桩号遮挡、涂抹、更新、损坏等情况。
  2 标志牌松动、涂抹、锈蚀、脱落、损坏等情况。
  3 警示桩松动、损坏、缺失等情况。
  4 栏杆锈蚀、损坏、缺失等情况。
  5 限行减速设施松动、损坏、缺失等情况。
  6 信息化设施完好情况。
  7 人行通道及景观平台等设施完好情况。

3.3.10 海塘绿化巡查应至少包括下列内容：
  1 植物缺损、枯死及倒伏等情况。
  2 病虫害、杂草及不规范修剪等情况。
  3 违法占用及垦殖等行为。
  4 场地周边杂物堆积及积水等情况。

3.3.11 生物危害巡查应至少包括下列内容：
  1 白蚁等害塘动物的侵害情况。
  2 互花米草及加拿大一枝黄花等外来物种的入侵情况。

3.3.12 日常巡查还应检查有无危害海塘安全的下列行为：
    1 擅自搭建建筑物或者构筑物。
    2 爆破、打井、采石、取土或者挖筑养殖塘。
    3 法律、法规规定的其他危害海塘安全的行为。

3.4 巡查报告

3.4.1 海塘巡查应逐项进行，做好记录并及时录入本市海塘网格化管理系统，巡查发现海塘损坏时，应记录损坏的位置、损坏类型、数量、里程桩号及发现日期等，做好标记、描述损坏情况、拍照及录像，并立即向海塘管理部门报告。海塘巡查日志、巡查记录表和海塘巡查详细记录表宜符合本标准附录A的规定。

3.4.2 日常巡查结束后对巡查中发现的异常情况，应及时通知日常养护单位按规定要求进行修复；涉及违反水务法律、法规行为的，应按照相关规定报告相关部门处理。

3.4.3 海塘处理措施应做好书面记录，并及时向海塘管理部门报告。

3.4.4 定期检查和特别检查后，检查单位应按相关要求编制检查书面报告。

4 海塘观测

4.1 一般规定

4.1.1 海塘观测内容应包括堤身沉降、位移及滩地变化。

4.1.2 海塘观测工作应保持系统性和连续性。

4.1.3 海塘观测应通过眼看、耳听、手摸和用相应的仪器、工具进行，并应符合现行行业标准《堤防工程养护修理规程》SL 595 和《堤防隐患探测规程》SL 436 的相关规定。

4.2 观测要求

4.2.1 堤身沉降与位移观测应符合下列要求：

1 工程竣工验收后 2 年内每季度观测 1 次；经资料分析已趋稳定后，可按每年汛前、汛后各观测 1 次；5 年后可按每年汛后观测 1 次。

2 当发生地震或超标准工况（超过设计最高水位或设计最大风速）时，应在地震或超标准工况发生后增加观测 1 次。

3 堤身观测宜设置固定观测断面，间距宜为 100 m～200 m，在穿堤管涵等位置应加设观测断面。观测横断面宜在堤顶、防浪墙、外坡平台、保滩坝顶及内青坎等位置设置固定观测点。

4.2.2 滩地变化观测应符合下列要求：

1 顺坝、丁（勾）坝、护坎及抛石护滩等，宜每年枯、洪季各进行 1 次水下地形观测。丁坝测量范围宜至坝头结构边线外 100 m、顺坝宜至结构边线外 20 m。

2 滩地固定观测横断面观测范围为大堤堤脚以外 1 000 m

或至深泓线，间距宜按 500 m～1 000 m 设置，观测断面位置宜固定。

3 丁坝宜设置1处～2处观测横断面，宜设置于坝头及坝身位置。

4.3 观测资料整编

4.3.1 观测记录应做到准确、详尽、真实，观测记录表宜符合本标准附录B的规定。

4.3.2 观测资料整编应至少包括下列内容：

1 观测原始记录、考证资料及平时整理的各种图表等。

2 观测成果复核审查记录及说明。

3 代表性测点的数据统计表和曲线图。

4 堤身沉降、位移及滩地的变化规律与趋势。

5 观测工作的相关说明。

4.3.3 观测资料整编成果应符合下列要求：

1 考证清楚、项目齐全、方法合理、数据可靠、图表完整及说明详尽。

2 图形比例尺满足精度要求，图面线条清晰均匀、标注工整齐全。

3 表格及文字说明端正整洁、数据上下整齐、无连续涂改现象。

5 海塘维修养护

5.1 一般规定

5.1.1 海塘维修养护应在海塘巡查及观测的基础上,针对问题及产生原因采取对应的维修养护措施。

5.1.2 海塘维修应符合下列基本要求:

　　1 采取合理的技术方案和工艺,保证维修质量。

　　2 受损部位经维修后,其标准不低于原结构设计标准,并使新老结构良好结合。

　　3 工程维修标准应符合相关国家和行业现行标准的规定。

5.1.3 海塘养护应符合下列基本要求:

　　1 应对海塘进行经常性、延续性和及时性的保养和防护,保证海塘的完整、安全和正常运用,对巡查观测中发现的局部缺陷或破损,均应及时修复。

　　2 海塘养护单位应根据本标准规定,结合工程具体情况,确定海塘养护的项目和内容。

5.1.4 海塘养护单位应做好维修养护工作记录,并编制月报,资料应完整详细,并按照工程档案管理规定及时归档。海塘维修养护记录表宜符合本标准附录C和附录D的规定。

5.1.5 海塘日常维修养护应及时做好垃圾清理工作。海塘管理范围内的垃圾每月应清理不少于2次;自然保护区及水源保护区岸段外坡应每季度清理不少于1次,时间宜选在大潮汛后。台风后若发现垃圾在外坡堆积,应及时进行清理。

5.2 堤 身

5.2.1 当堤身出现下陷和空洞等异常情况时,应及时通过回填夯实或注浆处理等方式进行维修,并符合下列要求:

  1 位置和范围明确、埋藏较浅、深度小于1 m(含)的下陷或空洞,宜采用开挖回填的方法处理,应将下陷或空洞位置的松土挖除,开挖范围宜超过下陷或空洞外侧1 m范围,深度宜超过底部0.5 m,再分层填土夯实,恢复堤身原状。回填夯实土料的干密度应不小于堤身土料干密度。

  2 位置和范围不明确、埋藏较深,深度大于1 m的下陷或空洞,宜采用充填灌浆、劈裂灌浆等方式处理。

5.2.2 堤身因渗漏出现大幅度下陷,且堤身下陷呈发展趋势危及海塘安全时,应及时报海塘管理部门,开展抢险或大修进行修复。

5.3 外 坡

5.3.1 外坡的维修养护对象应包括坡面、大方脚及坡脚块石等。

5.3.2 外坡的养护应符合下列要求:

  1 表面整洁,无杂物、垃圾等堆积。

  2 坡面结构完整,无结构松动、裂开、坍塌、沉陷等。

  3 砌石勾缝无龟裂、起翘、剥落,无杂草等。

  4 护坡结构无杂物阻塞,并保持排水顺畅。

5.3.3 外坡维修宜按原结构进行修复,对无法按原结构修复的应委托设计单位另行设计。

5.3.4 块石护坡的维修应符合下列要求:

  1 砌石护坡出现松动,应拆除松动块石,重新砌筑,达到坡面平顺、砌石紧密。

2 砌石护坡出现塌陷、隆起,应拆除损坏的护面,拆除范围宜超出损坏区域 0.5 m~1.0 m,保护好未损坏部位块石,修复应采用新鲜抗风化岩石,块石单重应不小于原设计标准。

3 当护坡下反滤结构破损时,应先修复反滤结构,再进行面层结构的修复。

4 抛石护脚发生塌陷或移位时,应及时补抛块石。

5.3.5 螺母块体护坡的维修应符合下列要求:

1 当螺母块体护坡出现局部移位或松动时,应拆除损坏部分块体,清除粘结的砂浆污泥,重新铺砌。

2 当螺母块体护坡出现块体损坏时,应按原规格制作块体后重新铺砌。

3 当块体下反滤结构破损时,应先修复反滤结构,再进行面层块体的修复。

4 当块体出现大面积破损时,应报海塘管理部门,开展抢险或大修。

5.3.6 栅栏板护坡的维修应符合下列要求:

1 当发生小面积或零星混凝土爆裂、钢筋外露损坏时,宜进行局部修复。

2 当出现大面积混凝土爆裂、钢筋外露损坏、贯穿性裂缝或明显位移时,应整体拆除,按原设计重新浇筑。

3 当栅栏板护坡出现严重损坏危及海塘安全时,应及时报海塘管理部门,经相关部门审议后按程序开展抢险或大修。

5.3.7 块体护坡的维修应符合下列要求:

1 当块体护坡局部损坏时,应在原位置更换原规格新块体,并确保与周边块体形成良好勾连。

2 当块体出现大面积移位或滚落时,应报海塘管理部门,开展抢险或大修。

5.3.8 大方脚的维修应符合下列要求:

1 当发生小范围或零星损坏时,宜拆除损坏的大方脚,按原样进行修复。

2 当大方脚出现大范围损坏或堤前处于冲刷态势威胁大方脚稳定时,应报海塘管理部门,开展抢险或大修。

5.4 防浪墙

5.4.1 防浪墙养护应符合下列要求:
　　1 防浪墙结构完整,分缝完好,相邻防浪墙无错位、无止水拉裂等情况。
　　2 防浪墙外观整洁,无墙身涂鸦等情况。
　　3 钢筋混凝土防浪墙结构牢固,无断裂、钢筋外露等情况。
　　4 砌石防浪墙无局部风化、块石松动损坏等情况。

5.4.2 防浪墙发生轻微损坏、局部破损、墙身倾斜时,应立即进行维修,且符合下列要求:
　　1 破损深度小于 5 cm 的为轻微损坏,主要包括钢筋混凝土墙体出现蜂窝、麻面、骨料架空、露筋等情况,或砌石墙体出现块石松脱、表层开裂、勾缝开裂等情况,可采用水泥砂浆或环氧砂浆等修补。
　　2 破损深度 5 cm～10 cm 的为局部破损,主要包括墙体深层开裂、凹陷、残缺块或局部脱落等情况,宜先采用钢丝网片固定,再采用 C35 细石混凝土封面。
　　3 墙身倾斜引起相邻墙体局部挤压损坏、贯穿性裂缝或明显位移等情况,应拆除破损位置墙体并按原状进行恢复,确保与两侧墙体有效平整连接。

5.4.3 防浪墙发生整体破坏时,应报海塘管理部门,开展抢险或大修。

5.4.4 变形缝填缝材料维修应符合下列要求:
　　1 填缝材料老化或缺失应及时填补,填补应先将缝内杂物清除干净,再按原填缝材料进行修复。

2 变形缝中原止水带老化失效宜重设止水带。

5.5 堤顶路面

5.5.1 堤顶路面养护应符合下列要求：
 1 路面完整，结构完好。
 2 排水顺畅。
 3 无散落物、杂草、垃圾、弃置堆物及工器具等。

5.5.2 堤顶路面宜每半月清扫 1 次，特殊地段（人员、车辆活动频繁地段）宜每周或隔日清扫 1 次。

5.5.3 堤顶路面发生局部损坏、裂缝及伸缩缝损坏等情况时，应及时修复，且与原结构保持良好衔接。

5.5.4 堤顶路面发生沉降、塌陷等情况时，应结合堤身检查一并进行维修。

5.6 内坡和青坎

5.6.1 内坡和青坎的养护应符合下列要求：
 1 青坎完整、界限明确。
 2 内坡和青坎表面平顺完整，无雨淋沟、陡坎、洞穴、陷坑、杂物、违章垦殖及取土等情况。
 3 内坡排水系统无断裂、损坏、阻塞及失效等情况。
 4 排水沟无局部松动、裂缝及损坏等情况。

5.6.2 内坡和青坎的维修应符合下列要求：
 1 雨淋洞（沟）等应在雨停后 3 天内修复完毕。
 2 雨淋洞（沟）等修复应先挖除流失范围内疏松土，再分层回填夯实，宜采用黏土回填，并种植绿化进行土体保护。
 3 排水沟发生沉陷、损坏，应先拆除损坏部位，回填夯实下部土体，再按原结构修复排水沟。

5.7 保滩工程

5.7.1 保滩工程的维修养护对象应包括顺坝、丁(勾)坝、护坎、抛石护滩、排体护滩及生物护滩等。

5.7.2 保滩工程的养护应符合下列要求：
    1 护面结构、护滩结构完整、稳固，坡面无塌陷等情况，块体、块石、排体无松散、缺失等情况。
    2 护脚完整、连续，无塌陷等情况。
    3 生物护滩宜在春季对缺失区域进行补种。
    4 芦苇护滩宜每年收割1次。

5.7.3 保滩工程的损坏类型主要包括局部塌陷、冲损、块体散失等，应及时维修，并符合下列要求：
    1 维修宜按原样修复，对无法按原样修复的应另行设计。
    2 维修前应查明坝芯材料，坝芯为土料时应做好反滤结构。
    3 块石护面结构的维修宜符合本标准第5.3.4条的要求，块体护面结构的维修宜符合本标准第5.3.5条及第5.3.7条的要求。

5.8 防汛闸门

5.8.1 防汛闸门的维修养护对象应包括金属结构(含防汛门、轨道、连接件)、止水及门墩等。

5.8.2 金属结构的养护应确保防汛闸门运行安全可靠、启闭灵活，按养护频次分一般性养护与专门性养护。

5.8.3 防汛闸门的一般性养护应每周清除闸门门轨及连接件等部位的泥沙、污垢及附着水生物等杂物。

5.8.4 防汛闸门的专门性养护应符合下列要求：
    1 金属结构应每年对各部位进行1次以上的涂漆保养，有锈蚀情况应及时清除锈蚀,涂漆保护。

2 闸门铰链等部位每年汛期前后应做 1 次养护,平时应定期加注润滑油,保持闸门启闭顺畅、灵活。

5.8.5 闸门轨道锈蚀严重或受压变形且难以修复时,应更换闸门轨道。

5.8.6 闸门墩柱破损的维修应符合下列要求:

1 表面损坏深度小于 5 cm,可采用水泥砂浆或环氧砂浆修补。

2 表面破损深度在 5 cm～10 cm,宜先采用钢丝网片固定,再采用 C35 细石混凝土封面。

3 表面破损深度大于 10 cm,应另行设计。

5.8.7 闸门止水带老化、变形宜按原设计止水型号及安装方式进行更换维修。

5.9 穿堤管涵

5.9.1 穿堤管涵的维修养护对象应包括穿堤排水管及涵闸等。

5.9.2 穿堤排水管养护应符合下列要求:

1 排水顺畅,无杂物堵塞、漏水等情况。

2 管道外侧拍门无异物阻碍,可正常启闭,拍门正常运行,受阻应及时清理。若出现拍门损坏、脱落等情况应及时更换拍门。

3 临海侧防冲设施应保持完整,出现塌陷、冲毁等影响管涵前滩地安全的情况时,应及时修复。

4 管道内侧集水井应定期清理杂物,保持汇水顺畅。

5.9.3 穿堤涵闸养护应符合下列要求:

1 涵洞整体结构完好。

2 闸门无锈蚀、变形及破损等情况。

3 止水完整,无漏水及严重老化等情况。

  4 闸槽无淤塞、锈蚀及变形等情况。
  5 轨道无松动及异物阻塞等情况。
5.9.4 当穿堤管涵损坏严重,发生堤身渗漏、土方流失等情况时,应报海塘管理部门,开展大修或抢险。

6 附属设施维护

6.1 一般规定

6.1.1 附属设施应做到常态化维修养护管理。当发生损坏或被偷盗时,应及时修复并上报。

6.1.2 养护单位应做好附属设施日常维修养护工作的记录,并编制月报,资料完整详细,定期归档。

6.2 里程桩、警示桩及标志牌

6.2.1 海塘里程桩、警示桩及标志牌的养护应符合下列要求:
    1 保持完整、整洁、可正常使用。
    2 定期擦洗、清洁除锈,每年不少于 1 次处理防腐层、紧固连接件等。
    3 及时清除遮挡物。
    4 及时更新里程桩号,并清除老桩号标示。
    5 配备备用辅件。

6.2.2 里程桩、警示桩及标志牌等发生变形、损坏及缺失时,应及时扶正、修复或更换。

6.2.3 里程桩号发生变化时,应做好记录与核对,及时整理资料并归档。

6.3 限行减速设施

6.3.1 海塘限行墩、限宽墩等设施损坏深度小于 5 cm 时,可采用水泥砂浆或环氧砂浆修补;破损深度在 5 cm～10 cm 时,宜先采用钢丝网片固定,再采用 C35 细石混凝土封面;破损严重影响正常使用时,应拆除重建。

6.3.2 减速带损坏或缺失时,应及时修复或更换。

6.4 栏杆及围栏

6.4.1 当栏杆、围栏发生损坏时,应及时按原设计标准进行修复。

6.4.2 铸铁栏杆、围栏宜每年进行 1 次除锈、涂漆。

6.5 观测和监控设施

6.5.1 观测设施应保持完整,无变形、损坏及堵塞等情况。

6.5.2 观测设施如有损坏、缺失,应及时修复,并重新校正。

6.5.3 监控设施(包括摄像头、支撑立柱及蓄电池等)应每年进行 1 次保养检查。发生故障时,应及时请专业人员进行维修。

6.5.4 设施遭破坏时,养护单位应及时记录并上报。

6.6 海塘网格化管理系统

6.6.1 海塘网格化管理系统手持终端应保持正常使用,当发生损坏时,应及时修复。

6.6.2 海塘网格化管理系统手持终端应专机专用,未经许可不得借作他用。

6.6.3 海塘网格化管理系统手持终端应定期更换。

6.6.4 海塘网格化管理系统所涉及的信息化设施设备应保持完好,当发生损坏时,应及时请专业人员进行修复。

7 海塘绿化养护

7.1 一般规定

7.1.1 海塘绿化养护对象应包括内坡和内青坎的草皮及树木等植物。

7.1.2 海塘绿化养护应符合下列要求：
  1 根据植物生长习性，每年修剪整形不少于 2 次，保持绿化整齐美观。
  2 保持绿化带整洁，无人为损害等情况。

7.1.3 发现大面积植物枯死或破坏等情况应及时上报。

7.1.4 应做好海塘绿化日常养护工作的记录，编制月报，资料完整详细，定期归档。

7.2 草皮养护

7.2.1 草皮应保持平整美观、无杂草，高度宜控制在 10 cm 左右，无裸露地面，枯死面积应控制在 5% 以内。

7.2.2 草皮枯死或缺失面积超过 $0.5\ m^2$ 时应及时补种。

7.2.3 应及时去除草皮中杂草，人工除草应将杂草连根拔除，有大量杂草时可采用除草剂进行清除。

7.2.4 应定期进行草皮施肥、病虫害防治、灌排水、中耕除草等，每年应适度修剪和整形不少于 2 次。

7.2.5 补植或更新草皮应符合下列要求：
  1 宜选用低茎蔓延的草种。
  2 草皮宜带土成块移植，移植时，宜扒松表面土层、洒水铺植、贴紧拍实、定期洒水,确保成活。

7.3 树木养护

7.3.1 海塘树木应骨架均匀,树干基本挺直,树木缺损率宜小于5%,病虫危害程度应控制在5%以下,遭病虫害致死的树株应及时清除。

7.3.2 新栽树木根部附近土壤因灌水而板结时,应及时松土。在地质条件较差、土壤特别干燥时,应及时采取灌溉措施;土壤积水严重时,应及时采取排水措施。

7.3.3 树木每年宜适度修剪和整形1次~2次。

7.3.4 应及时清除影响树木生长的各类野生藤蔓。

7.3.5 树木枯死应适时补植,补植树木应按适地适林的原则选择树种,宜采用混交林种植模式,新种植乔木距离内坡坡脚应在3 m以上。

8 生物危害防治

8.1 一般规定

8.1.1 应调查统计对海塘有害的动物种类,了解各种害堤动物的生存条件、生活习性和基本防治方法、手段,建立长期害堤动物活动及防治跟踪档案。

8.1.2 有白蚁活动的堤段,或有其他害堤动物在堤身营巢作穴的堤段,应有专门防治人员开展白蚁及其他动物危害的防治工作,并加强生物危害防治基本知识的培训。

8.1.3 白蚁的防治应以其对海塘危害的发生总量逐年减少为标准。

8.1.4 发现互花米草或加拿大一枝黄花大量生长等情况,应及时上报海塘管理部门。

8.2 白蚁防治

8.2.1 每年应对发现过白蚁的重点堤段或可疑堤段,至少进行1次白蚁危害巡查,白蚁巡查时间宜在每年3—10月进行。

8.2.2 巡查方法可采用地表活动迹象查找和利用引诱物查找两种方法。

8.2.3 日常养护零星取土时,应做好土料选取工作,严禁带有白蚁或菌圃的土料进入堤身。

8.2.4 白蚁治理应按找巢、灭杀、灌填三个环节进行,可采用破巢除蚁、环保型药物诱杀及灌浆等措施。

8.3 其他害堤动物的防治

8.3.1 在具有危害性的动物经常活动出没的地方,可设置笼、铁夹等进行人工捕杀,或灌浆填塞洞穴。

8.3.2 应及时采取开挖回填或灌浆填塞等方法处理害堤动物的洞穴。

9 技术资料和档案管理

9.0.1 海塘维修养护应及时整理技术资料,并按技术档案等相关规定存档。

9.0.2 技术资料宜由文字材料、图纸、表格、照片、录像及光盘等组成,主要内容应包括:

    1 海塘维修养护的记录及资料。

    2 海塘巡查材料(包括附件)。

    3 海塘观测项目成果。

    4 维修养护的工程档案,包括损坏情况、维修方案、图纸及验收文件等资料。

9.0.3 技术档案应规范齐全、分类清楚、存放有序,严格执行保管、借阅制度。

附录 A 海塘巡查记录表

表 A-1 海塘巡查日志

养护单位：　　　　　　　　　　编号：
海塘名称：　　　　　　　　　　检查时间：　　年　月　日

1. 巡查记录（包括巡查时的潮位、风力、天气、风浪状况及巡查范围、发现问题）   　　　　　　　　　　　　　　　　　　　签名：
2. 巡查结论：   　　　　　　　　　　　　　　　　　　　签名：
3. 汇报情况：   　　　　　　　　　　　　　　　　　　　签名：
4. 处理意见：   　　　　　　　　　　　　　　　　　　　签名：
5. 落实情况：   　　　　　　　　　　　　　　　　　　　签名：

表 A-2 海塘巡查记录表

养护单位：　　　　　　　　　　　　编号：
海塘名称：　　　　　　　　　　　　检查时间：　　年　月　日

工程部位	海塘名称及桩号	工程现状及存在问题	检查初步结论
堤身			
外坡			
防浪墙			
堤顶路面			
内坡和青坎			
保滩工程			
防汛闸门			
穿堤管涵			
附属设施			
绿化			
生物危害			
其他			
处理意见			
检查人员签名			

表 A-3 海塘巡查详细记录表

养护单位：　　　　　　　　　　　　编号：
海塘名称及桩号范围：　　　　　　　检查时间：　　年　月　日

部位	检查内容	检查结果（有/无问题）	备注（损坏面积、长度等）
堤身	下陷、空洞或渗漏通道		
	堤身坡面、坡脚渗水		
	削坡、挖低堤顶		
外坡	护面结构开裂、松动、沉陷、坡面反滤结构不完整		
	格埂断裂损坏		
	伸缩缝填缝材料损坏		
	消浪结构断裂、缺损、钢筋外露		

续表 A-3

部位	检查内容	检查结果（有/无问题）	备注（损坏面积、长度等）
外坡	大方脚外露、掏空、断裂		
	护脚抛石缺失、凹陷		
	护坡消浪结构（栅栏板、螺母块体等）空隙堵塞		
	外侧垃圾堆积		
防浪墙	墙体下沉、倾斜、错位、滑动		
	沉降缝出现贯穿性透空、填充物老化		
	墙体、压顶等部位混凝土缺损、剥落及钢筋外露		
	浆砌石勾缝缺损、剥落		
	墙身上乱张贴、乱涂写		
堤顶路面	路面结构沉陷、断裂、碎裂、破损		
	侧石和平石缺损、断裂		
	路肩开裂、坍塌		
	彩道砖沉陷、缺失		
	道路排水不畅		
	堤顶杂物、垃圾堆放		
	路面车辆超载、违规占用		
内坡、内青坎	土体侵蚀、坍塌、冲刷		
	雨淋沟、洞穴		
	排水沟开裂、断裂、杂物、垃圾阻塞		
	青坎侧随塘河岸坡冲刷、坍塌		
	内青坎杂物堆积、积水		
保滩工程	护坎护面结构损坏		
	坝体沉陷		
	格埂断裂、掏空		

续表 A-3

部位	检查内容	检查结果（有/无问题）	备注（损坏面积、长度等）
保滩工程	滩地冲蚀后退、坍塌		
	外露的保滩护底软体排损坏、搭接错位		
	护脚抛石缺失、凹陷		
	桩倾斜、断裂、漏土		
防汛闸门、穿堤管涵	防汛门无法启闭		
	穿堤管涵杂物堵塞、无法排水		
	构件锈蚀、损坏		
	穿堤管涵周围土体、路面沉陷、裂缝、空隙及渗水		
	穿堤管涵外海侧滩面冲刷、护坡结构塌陷、损坏		
附属设施	里程桩号遮挡、涂抹、更新、损坏		
	标志牌松动、涂抹、锈蚀、脱落、损坏		
	警示桩松动、损坏、缺失		
	栏杆锈蚀、损坏、缺失		
	限行减速设施松动、损坏、缺失		
	网格化设施损坏		
	信息化设施损坏		
	人行通道、景观平台等设施损坏		
海塘绿化	植物缺损、枯死、倒伏		
	病虫害、杂草及不规范修剪		
	违法占用、垦殖、人为破坏		
	场地周边杂物、积水		
生物危害	白蚁及其他害塘动物的侵害		
	一枝黄花及互花米草等外来物种侵占青坎、滩地		

续表 A-3

部位	检查内容	检查结果（有/无问题）	备注（损坏面积、长度等）
危害海塘安全行为	擅自搭建建筑物或者构筑物		
	爆破、打井、采石、取土或者挖筑养殖塘		
	法律、法规规定的其他危害海塘安全的行为		

填表人：

附录 B 海塘观测记录表

表 B-1 海塘沉降量统计表

养护单位： 　　　　　　　　　　　　　　　编号：
海塘名称及桩号： 　　　　　　　　　　　　时间：　　年

测点号 \ 日期 高程(m)	月日	月日	月日	月日	月日	月日	月日	月日	月日	历年累计天数(d)	年累计沉降量(mm)	历年累计沉降量(mm)
全年统计	最大沉降量　　　mm(测点)；最小沉降量　　　mm(测点)											
监测断面图													
备注	每年绘制沉降量过程线图和纵断面沉降分布图											

填表人：　　　　　　　校核人：　　　　　　　填表日期：

表 B-2　海塘位移量统计表

养护单位：　　　　　　　　　　　　　　　　编号：
海塘名称及桩号：　　　　　　　　　　　　　时间：　　年

测点号＼日期＼高程(m)	月日	月日	月日	月日	月日	月日	月日	月日	年累计位移量(mm)	历年累计天数(d)	历年累计位移量(mm)
全年统计	最大位移量　　　mm(测点);最小位移量　　　mm(测点)											
监测断面图											
备注	每年绘制位移量过程线图和纵断面位移分布图									

填表人：　　　　　　校核人：　　　　　　填表日期：

表 B-3 海塘裂缝观测记录表

养护单位： 编号：
海塘名称： （单位：mm）

始测日期：		上次观测日期：			本次观测日期：			间隔： 天						
裂缝编号	裂缝位置			始测			上次观测			本次观测			间隔变化量			累计变化量			气温度	备注
	桩号	高程	部位	缝长	缝宽	缝深	缝长	缝宽	缝深	缝长	缝宽	缝深	缝长	缝宽	缝深	缝长	缝宽	缝深		
备注	1. 裂缝发展初期，每天观测 1 次；趋于基本稳定后每 15 天观测 1 次，裂缝稳定后每月观测 1 次。 2. 绘制主要裂缝位置及平面形状图																			

填表人： 校核人： 填表日期：

表 B-4 海塘堤前滩地测量记录表

养护单位： 编号：
海塘(丁/勾/顺坝)名称：

序号	海塘桩号	海塘前沿滩地观测点高程(m)					
		护底外__m	护底外__m	护底外__m	护底外__m	护底外__m	护底外__m
备注	护底、大方脚高程：						

说明：护底外测点距离根据实际情况合理确定。
测量人员签名： 测量负责人签名：
测量时间：

表 B-5 海塘堤前滩地观测月报表

观测时间： 年 月 日— 年 月 日
养护单位： 编号：

序号	海塘桩号范围	观测结果概要	冲刷幅度（m）	淤积幅度（m）
对观测结果的处理意见				

填表人： 审核人： 填表日期：

附录 C 海塘养护记录表

表 C-1 海塘养护检查记录表

养护单位：　　　　　　　　　　　　　　　　编号：

检查堤段：	检查时间：
检查情况记录	

　　　　　　　　　　　检查人：　　　　　　填表日期：

表 C-2　海塘养护月报

养护单位(盖章)：　　　　　　　　　　　编号：
　　　　　　　　　　　　　年　月　日—　　年　月　日

巡查情况	
养护情况及内容	
备注	

填表人：　　　　　审核人：　　　　　填表日期：

附录 D 海塘维修记录表

表 D-1 海塘维修情况表

养护单位：　　　　　　　　　　　　　　　　　　　编号：

海塘名称		设施内容	
所在位置		工程量	
设施现状			
损坏原因			
平面位置简图（应详细表示项目所在详细位置，如有桩号请注明）			
现状照片（至少附远、近两张照片，照片清晰并有参照物）			
平面及结构图纸（该图应详细反应预算内工程量，可附页；如无图纸，应用文字详细描述工程量）			
养护单位意见：	项目经理： 日期：　　年　　月　　日		

表 D-2 海塘维修工作过程记录表

编号：

养护单位：	海塘名称：	维护日期：
维修项目：	详细地点：	工作量：
施工前照片		
施工中照片		
施工后照片		

养护单位负责人签字：　　　　　　　　　　　　　　　　日期：

表 D-3 海塘维修工作记录表

编号：

养护单位： 海塘名称：

维修日期	维修部位	维修原因	维修措施	工程量	投资（万元）	维修成果	备注

记事人： 负责人：

表 D-4 海塘维修项目验收单

项目名称		建设单位	
项目性质		施工单位	
项目验收内容：			存在问题：
项目验收意见：			

验收组成员签到表			
姓名	单位	职务	联系电话
验收组组长：		验收日期： 年 月 日	

表 D-5　　　年　　区海塘维修季度汇总表

　　　　　　　　　　　　　　　　　　　　　　(第　季度)编号：

管理单位：
养护单位：

序号	海塘名称	桩号	详细部位	维修内容	数量	单位	单价	预算(元)	结算(元)	备注
合计：										

本标准用词说明

1 为便于在执行本标准条文时区别对待,对要求严格程度不同的用词说明如下:
   1) 表示很严格,非这样做不可的用词:
      正面词采用"必须";
      反面词采用"严禁"。
   2) 表示严格,在正常情况下均应这样做的用词:
      正面词采用"应";
      反面词采用"不应"或"不得"。
   3) 表示允许稍有选择,在条件许可时首先应这样做的用词:
      正面词采用"宜";
      反面词采用"不宜"。
   4) 表示有选择,在一定条件下可以这样做的用词,采用"可"。

2 条文中指明应按其他有关标准执行时的写法为"应符合……的规定"或"应按……执行"。

引用标准名录

1 《工程测量标准》GB 50026
2 《工程测量通用规范》GB 55018
3 《堤防工程管理设计规范》SL/T 171
4 《堤防工程地质勘察规程》SL 188
5 《堤防隐患探测规程》SL 436
6 《堤防工程养护修理规程》SL 595
7 《水利水电工程安全监测设计规范》SL 725

上海市工程建设规范

海塘维修养护技术标准

DG/TJ 08—2427—2023
J 16999—2023

条文说明

2023　上海

目　次

- 1　总　则 ⋯⋯⋯⋯⋯⋯⋯⋯⋯⋯⋯⋯⋯⋯⋯⋯⋯⋯⋯⋯ 49
- 3　海塘巡查 ⋯⋯⋯⋯⋯⋯⋯⋯⋯⋯⋯⋯⋯⋯⋯⋯⋯⋯⋯ 50
  - 3.1　一般规定 ⋯⋯⋯⋯⋯⋯⋯⋯⋯⋯⋯⋯⋯⋯⋯⋯⋯ 50
  - 3.4　巡查报告 ⋯⋯⋯⋯⋯⋯⋯⋯⋯⋯⋯⋯⋯⋯⋯⋯⋯ 50
- 4　海塘观测 ⋯⋯⋯⋯⋯⋯⋯⋯⋯⋯⋯⋯⋯⋯⋯⋯⋯⋯⋯ 51
  - 4.1　一般规定 ⋯⋯⋯⋯⋯⋯⋯⋯⋯⋯⋯⋯⋯⋯⋯⋯⋯ 51
  - 4.2　观测要求 ⋯⋯⋯⋯⋯⋯⋯⋯⋯⋯⋯⋯⋯⋯⋯⋯⋯ 51
- 5　海塘维修养护 ⋯⋯⋯⋯⋯⋯⋯⋯⋯⋯⋯⋯⋯⋯⋯⋯⋯ 52
  - 5.1　一般规定 ⋯⋯⋯⋯⋯⋯⋯⋯⋯⋯⋯⋯⋯⋯⋯⋯⋯ 52
  - 5.3　外　坡 ⋯⋯⋯⋯⋯⋯⋯⋯⋯⋯⋯⋯⋯⋯⋯⋯⋯⋯ 52
- 6　附属设施维护 ⋯⋯⋯⋯⋯⋯⋯⋯⋯⋯⋯⋯⋯⋯⋯⋯⋯ 53
  - 6.2　里程桩、警示桩及标志牌 ⋯⋯⋯⋯⋯⋯⋯⋯⋯⋯⋯ 53
- 7　海塘绿化养护 ⋯⋯⋯⋯⋯⋯⋯⋯⋯⋯⋯⋯⋯⋯⋯⋯⋯ 54
- 8　生物危害防治 ⋯⋯⋯⋯⋯⋯⋯⋯⋯⋯⋯⋯⋯⋯⋯⋯⋯ 55
  - 8.1　一般规定 ⋯⋯⋯⋯⋯⋯⋯⋯⋯⋯⋯⋯⋯⋯⋯⋯⋯ 55
  - 8.2　白蚁防治 ⋯⋯⋯⋯⋯⋯⋯⋯⋯⋯⋯⋯⋯⋯⋯⋯⋯ 55

Contents

1 General provisions ··· 49
3 Inspection of sea dike ····································· 50
　3.1　General requirements ································ 50
　3.4　Inspection reports ···································· 50
4 Observation of sea dike ··································· 51
　4.1　General requirements ································ 51
　4.2　Observation requirements ··························· 51
5 Maintenance of sea dike ··································· 52
　5.1　General requirements ································ 52
　5.3　Outer slope ·· 52
6 Maintenance of ancillary facilities ························· 53
　6.2　Mileage piles, warning piles and signs ············· 53
7 Maintenance of landscape ·································· 54
8 Biohazard control ··· 55
　8.1　General requirements ································ 55
　8.2　Termite control ······································ 55

1 总　则

1.0.1 海塘是保障上海抵御风暴潮灾害的第一道最为重要的安全屏障,其安全可靠性和防御能力直接关系到上海城市安全。上海海塘堤线长、结构型式多,海塘检查、养护、维修和管理等工作难度大。海塘在复杂的自然条件影响及各种外力作用下,容易出现各种问题及缺陷,若不及时采取相应措施进行处理,易使缺陷积小成大,逐步发展,进而影响海塘安全。

因此,为规范本市海塘维修养护工作,提高维修养护质量,保障海塘安全运行,特制定本标准。

1.0.2 本标准主要针对海塘在日常维修养护中出现的各种问题,鉴于大修或抢险等情况较为复杂,建议委托专业设计院另行设计。

1.0.3 本标准中的防汛闸门特指过堤通道防汛门。

3 海塘巡查

3.1 一般规定

3.1.2 海塘巡查范围应包括但不限于海塘管理范围。随塘河虽不属于海塘管理范围,但随塘河岸坡的冲刷坍塌直接影响到海塘安全,因此本标准中将随塘河青坎侧岸坡纳入海塘巡查内容中。海塘保滩工程巡查范围按照批准的设计文件确定;若批准的设计文件缺失,巡查范围建议为坝身和坡脚外侧20 m滩地。

3.4 巡查报告

3.4.1~3.4.4 定期检查的情况应在每次检查后5个工作日内上报海塘管理部门。特别检查中发现异常情况和严重隐患应立即上报海塘管理部门。

4 海塘观测

4.1 一般规定

4.1.1～4.1.3 本标准主要针对稳定堤段的常态观测。

4.2 观测要求

4.2.1,4.2.2 现状海塘经过多年运行后,结构高程及线位变化较多,为真实准确反映海塘横断面及滩地变化情况,地形测图比例尺可参照初设阶段的要求。

滩地变化可结合海塘定期检查,每年汛前、汛后各观测1次;当遇超标准风暴潮或冲刷较严重时,宜增加观测1次～2次。

5 海塘维修养护

5.1 一般规定

5.1.4 公用岸段海塘维修养护的年度计划,由区水行政主管部门组织编制,报市水行政主管部门同意;专用岸段海塘维护的年度计划,由专用单位组织编制,报区水行政主管部门备案。

公用岸段海塘的维修养护,由市水行政主管部门委托区水行政主管部门组织实施;专用岸段海塘的维修养护,由专用单位承担,区水行政主管部门负责检查、督促本行政区域内专用岸段海塘维修养护责任的落实,并进行业务指导。

5.3 外 坡

5.3.5~5.3.7 根据本市实践经验,"大面积"指每 100 m^2 护面结构中,有 30 m^2 以上(含),50 m^2 以下(不含)结构发生损坏;30 m^2 以下为"小面积"损坏;出现 50 m^2 以上面积损坏,应及时进行抢险或大修。

5.3.8 根据本市实践经验,"大范围"指每 100 m^2 大方脚结构中,有 30 m^2 以上(含)结构发生损坏;30 m^2 以下为"小范围"损坏。

6 附属设施维护

6.2 里程桩、警示桩及标志牌

6.2.2 对已设置的标示牌,可按原样修复;对未设置标志牌的海塘段,在新建或更换时可选择图1建议样式,以逐步达到统一。

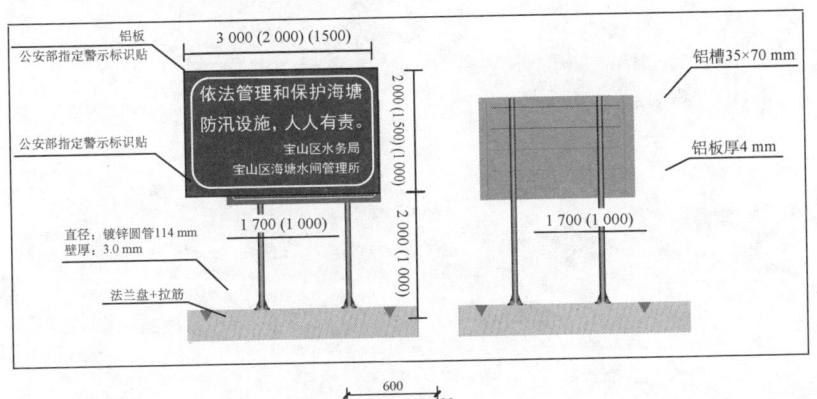

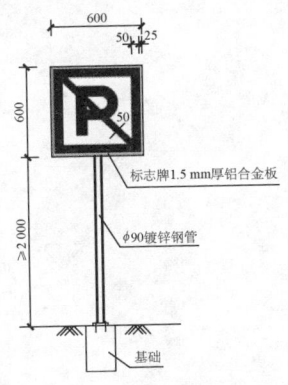

图1 海塘宣传、警示标示牌建议样式(mm)

7 海塘绿化养护

为积极响应国家生态文明用海要求，本市海塘进行了生态化改造的尝试，对于海塘外坡、堤顶、内坡的绿化养护，可参照现行上海市工程建设规范《园林绿化养护标准》DG/TJ 08—19 等规范标准实施。

8 生物危害防治

8.1 一般规定

8.1.4 在日常巡塘过程中,发现如互花米草等外来入侵物种时,应对相关区域进行标记并及时上报,对入侵规模和态势进行初步评估,并持续进行重点监测。互花米草后期防治可参考现行上海市地方标准《互花米草生态控制技术规范》DB31/T 1243 的有关规定。

8.2 白蚁防治

8.2.1 海塘蚁害检查的主要部位是内坡和内青坎时,重点检查蚁路、泥被和泥线以及分群孔等白蚁为害的迹象,具体防治方法可参考现行上海市地方标准《堤坝白蚁防治技术规程》DB41/T 1761 的有关规定。